APPRENTIS LECT  W9-CST-204

TA DENT BRANLE?

Lisa Trumbauer

Illustrations de Steve Gray

Texte français de Claudine Azoulay

Westgate School

Éditions

SCHOLASTIC

**À mes parents, Fred et Sigrid Trutkoff,
ramasseurs de dents de lait**
— L.T.

**À Pammy Gray, pour avoir bravement grimpé
sur le fauteuil du dentiste, le Dr Nagy**
— S.G.

Catalogage avant publication de Bibliothèque
et Archives Canada

Trumbauer, Lisa, 1963-
Ta dent branle? / Lisa Trumbauer;
illustrations de Steve Gray;
texte français de Claudine Azoulay.

(Apprentis lecteurs)
Traduction de : A Tooth is Loose.
Niveau d'intérêt selon l'âge : Pour enfants de 3 à 6 ans.
ISBN 0-439-94792-8

I. Gray, Steve, 1950-   II. Azoulay, Claudine
III. Titre.   IV. Collection.

PZ24.3.T78Ta 2005   j813'.54   C2005-904762-3

Édition publiée par les Éditions Scholastic, 175 Hillmount Road, Markham (Ontario) L6C 1Z7.

5 4 3 2 1   Imprimé au Canada   05 06 07 08

Ta dent branle?

Tout le monde perd
ses dents de lait.

Ta dent branle?
Ce n'est pas facile
de manger.

Ta dent branle?
Tu peux la faire bouger.

Ta dent branle?

Tu peux la faire danser.

Fais-la bouger avec
ton doigt.
Fais-la bouger avec
ta langue.

Tu peux la sentir bouger.
C'est vraiment amusant.

Fais-la bouger au parc.
Fais-la bouger dans
la piscine.

J'espère qu'elle ne tombera pas à l'école.

Ta dent branle?
Fais attention à ne pas
l'accrocher.

Ta dent est tombée!
Ne t'en fais pas :
une autre va
la remplacer.

LISTE DE MOTS

à	de	la	remplacer
accrocher	dent	lait	sentir
amusant	dents	langue	ses
attention	doigt	le	ta
au	école	manger	tombée
autre	elle	monde	tombera
avec	en	ne	ton
bouger	espère	parc	tout
branle	est	pas	tu
ce	facile	perd	une
dans	faire	peux	va
danser	fais	piscine	vraiment